AF456574

1914 Février 13

VENTE

Du Vendredi 13 Février 1914

HOTEL DROUOT

Salle N° 9, à deux heures.

EXPOSITION PUBLIQUE

le Jeudi 12 février 1914, de 2 h. à 6 h.

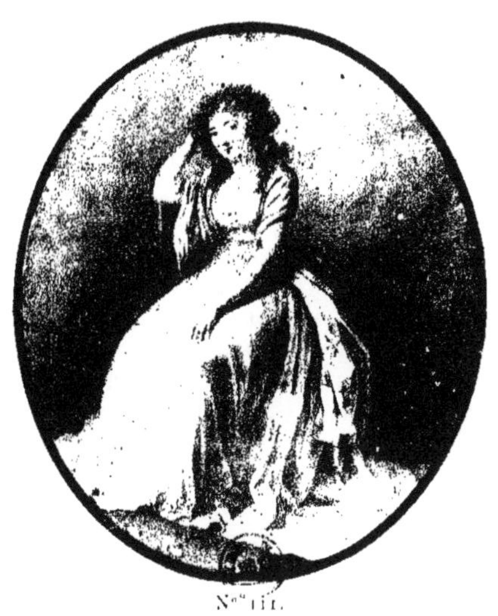

N° 111.

TABLEAUX

Lithographies - Gravures

DESSINS ANCIENS ET MODERNES

COMMISSAIRE-PRISEUR

Mᵉ GEORGES TIXIER

45, Rue de la Chaussée-d'Antin

EXPERT

M. MAX BINE

17, rue Victor-Massé.

CATALOGUE

DES

TABLEAUX, LITHOGRAPHIES, GRAVURES, DESSINS ANCIENS ET MODERNES

par ou attribués à

ALBANE, BASSANO, BONNET, BONVIN, CARRIÈRE,
CHARDIN, CHARLET, CIPRIANI, DELACROIX, DETAILLE,
GÉRICAULT, GREUZE, GUYS, HERMANN-PAUL,
HUET, ISABEY, INGRES, LAWRENCE,
LÉPINE, MALLEBRANCHE, MICHEL-ANGE, MOREAU le JEUNE,
PILLEMENT, RAFFET, REMBRANDT, SALVATOR-ROSA,
VERNET, VÉRONÈSE, ZIEM, etc,
et des ÉCOLES ANGLAISE, FRANÇAISE,
FLAMANDE, HOLLANDAISE et ITALIENNE.

dont la vente aura lieu

à Paris, HOTEL DROUOT, Salle N° 9.

Le Vendredi 13 Février 1914

à 2 heures précises

Par le Ministère de Me Georges TIXIER

Commissaire-Priseur

45, rue de la Chaussée d'Antin

Assisté de M. Max BINE, *Expert*

17, Rue Victor-Massé.

EXPOSITION PUBLIQUE

le Jeudi 12 Février 1914, de 2 heures à 6 heures.

CONDITIONS DE LA VENTE

Elle sera faite au comptant.

Les adjudicataires paieront dix pour cent en sus des enchères.

L'exposition mettant le public à même de se rendre compte de l'état et de la nature des tableaux, il ne sera admis aucune réclamation une fois l'adjudication prononcée.

Paris. - Imprimerie FRAZIER-SOYE, 153-155, rue Montmartre

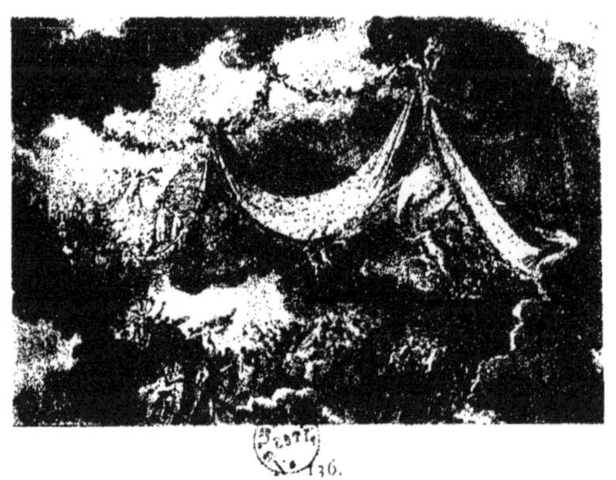

136.

DÉSIGNATION

ALBANI (F.)

1. — Amours. Plume et lavis.

ANDRIEUX

2. — 5 dessins. Études diverses. Timbre de la vente.

ASCH (J. Van)

3. — L'Adoration des bergers. A la plume.
Haut. 0,227. Larg. 0,288

BASSANO

4. — Marchand de fruits. Pierre noire, rehauts de blanc.

BAYARD (Émile)

5. — 9 dessins. Études crayons.

BEAUCÉ (J. A.)

6. — Portrait d'un Général du second Empire. A la plume.

BAUDOIN (attribué à)

7. — Scène galante. Dessin aquarellé.

BEAUMONT (A. de)

8. — Intérieur de ferme. Toile. Signé en bas, à droite.

BEAUMONT (E. de)

9. — 2 lithographies coloriées.

BELLANGÉ (H.)

10. — Céline. Aquarelle signée.

BOILLY (d'après L.)

11. — Jouir par surprise, n'alarme pas la pudeur. Gravure en noir. Remmargée.

BONNET (gravé par)

12. — 2 paysages. A la sanguine.

BONVIN (F.)

13. — Nature morte. Toile. Signée en bas, à gauche.
Haut. 0,050. Larg. 0,555.

BOUCHER (d'après F.)

14. — Erigone vaincue. Gravure en noir.

BOUTET (Henri)

15. — La toilette. Dessin rehaussé. Signé.

BOXALL (d'après) par Bromley

16. — Méditation. Gravure à la manière noire.

17 à 27. — Cadres dorés et Bois sculpté.

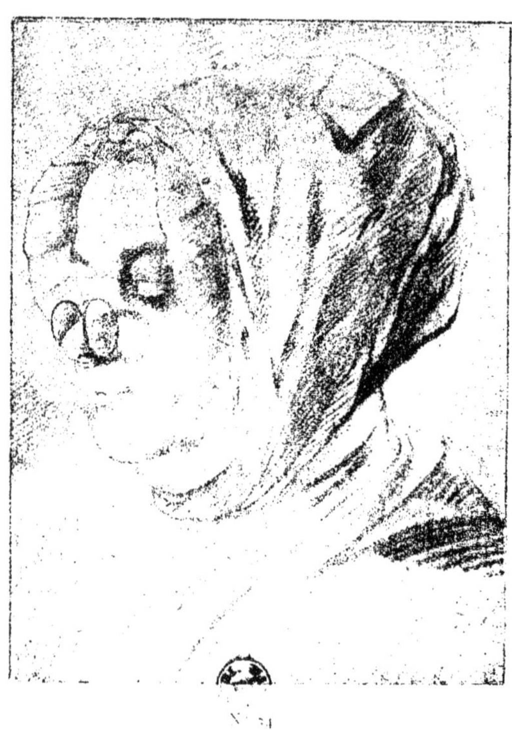

N° 24

CANALETTO (attribué à)

28. — Paysage. A la plume.

CARRIÈRE (Eugène)

29. — Étude. Toile. Signée en bas, à droite.
Haut. 0,325. Larg. 0,400.

CARPEAUX (attribué à)

30. — Diane chasseresse. Dessin à la mine de plomb.

CHAMPIN

31. — Le parc Trévise à Sceaux. Signé en bas, à gauche.

CHAPLIN

32. — Jeune femme. A la sanguine.

CHAPONNIER (gravé par)

33. — Le dieu des dames. Gravure imprimée en couleurs.

CHARDIN

34. — Tête de femme. A la sanguine.
Haut. 0,335. Larg. 0,263.

CHARLET

35. — Paysage et soldats. A la plume.

36. — Portrait fillette. Toile.
Haut. 0,35. Larg. 0,27.

37. — Portrait d'homme. Ébauche.

CHERET

38. — Arlequine. Crayon rehaussé. Signé en bas, à droite.

CHÉRY (d'après)

39. — 3 gravures imprimées en couleurs. Illustrations pour les œuvres de Voltaire.

CIGNANI

40. — Meurtre d'un évèque. Sépia.

41. — Dessin à la sanguine.

CIPRIANI (par Ruotte)

42. — Diane au bain. Gravure en noir.

CORRÈGE (Le)

43. — L'Assomption. A la sanguine.
Haut. 0,365. Larg. 0,270.

CORTÈS

44. — Paysage et animaux. Toile.
Haut. 0,54. Larg. 0,65.

COURTOIS (attribué à)

45. — Scènes militaires. Sépia et aquarelle.
Haut. 0,235. Larg. 0,365.

COYPEL

46. — Jésus et les petits enfants. A la plume lavé d'encre de Chine.
Haut. 0,202. Larg. 0,230

DAUMIER (attribué à H.)

47. — Caricature militaire. Peinture.

DAVID (d'après)

48. — Le Serment du Jeu de Paume. Gravure en noir, avant la lettre.

DELACROIX (E.)

49. — Croquis. Timbre de la vente.

DELAISTRE

50. — Raphaël et la Fornarina. Crayon.

DELAROCHE (P.)

51. — Portrait d'homme. Crayon.

DETAILLE (E.)

52. — 2 têtes soldats. Crayon. Signés du monogramme.

53. — 2 études cavaliers. Crayon. Un signé du monogramme.

DEVEDEUX

54. — Chasseur. Toile. Cachet de la vente.

DEVERIA

55. — La grappe de raisin. Peinture.

DRANER

56. — Caricature militaire.

DEBUCOURT

57. — La Bénédiction. Gravure en noir.

DUBUFFE (attribué à)

58. — Souvenirs. Dessin.

DUPENDANT

59. — 3 aquarelles.

DUPRÉ (J.)

60. — Paysage à la sanguine.

ÉCOLE ANGLAISE (XVIIIe siècle)

61. — La Leçon. Gravure imprimée en couleurs.

ÉCOLE ANGLAISE

62. — Aquarelle romantique.

62 *bis*. — Les Saisons. 4 gravures modernes, en couleurs.

ÉCOLE FLAMANDE (XVIIe siècle)

63. — Vue d'un port. Peinture. Cadre ancien, bois sculpté, doré.

ÉCOLE FLAMANDE

64. — Portrait. Cadre bois sculpté, doré.

ÉCOLE FRANÇAISE (XVIe siècle)

65. — Portrait d'homme. Pierre noire. Rehauts de sanguine. Cadre ancien, bois sculpté.
Haut. 0,220. Larg. 0,170.

ÉCOLE FRANÇAISE (XVIIe siècle)

66. — Portrait d'un Magistrat. Toile.

ÉCOLE FRANÇAISE (XVIIIe siècle)

67. — Jeune femme assise. Contre-épreuve d'un dessin à la sanguine.

68. — 2 portraits. Crayon et sanguine.

69. — 2 gouaches. Paysages.

ÉCOLE FRANÇAISE (début du XIXe siècle)

70. — Dessin crayon. Personnages.

71. — L'Indécision. Peinture.

ECOLE FRANÇAISE (1830)

72. — Portrait de Jeune fille. Peinture.
73. — Portrait d'homme. Peinture.
74. — La Cathédrale de Séville. Aquarelle.
75. — Idylle. Dessin aquarellé. Signé C. B.
76. — Bords de Rivière. Aquarelle.
77. — 7 dessins et aquarelles divers.

ECOLE FRANÇAISE (fin du XIXe siècle)

78. — Portrait de Jeune homme. Toile.
79. — Portrait du Prince Albert. Toile.
80. — L'Amateur. Aquarelle.

ÉCOLE FRANÇAISE MODERNE

81. — Tête de femme. Pastel.
82. — Deux paysages. Crayon rehaussé.

ÉCOLE HOLLANDAISE (XVIIe siècle)

83. — La folle. A la sanguine.

ÉCOLE ITALIENNE (XVIe siècle)

84. — Cheval échappé. Pierre noire et sanguine.

ÉCOLE ITALIENNE (XVIIe siècle)

85. — Piéta. Peinture sur cuivre.
86. — St Jean. Peinture sur cuivre.
87. — Dieu entouré d'anges. A la plume.
88. — Femme priant. Cadre bois sculpté, polychrome.
89. — 5 dessins. Pierre noire et sanguine.

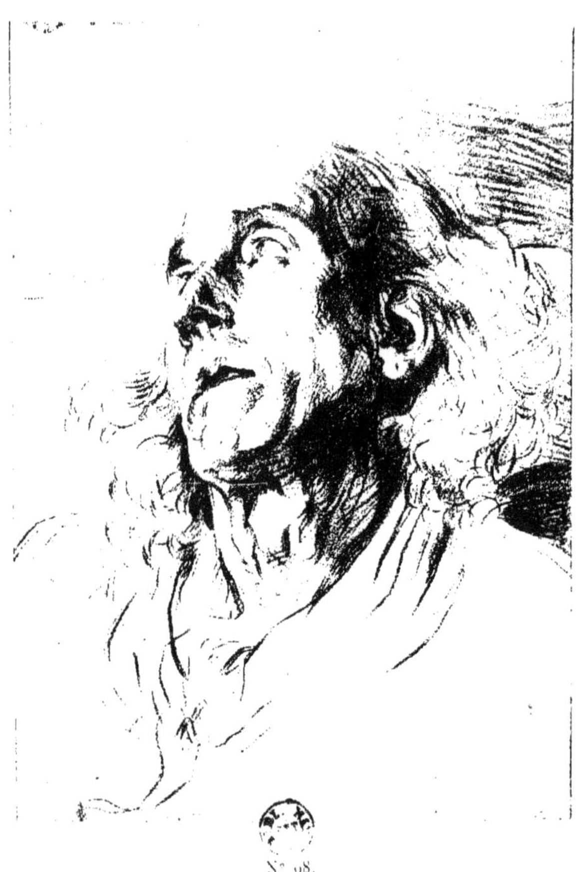

N° 68.

FORTUNEY

90. — Au Pesage. Pastel.

FRÈRE

91. — 2 aquarelles. Portraits.

GÉRARD (d'après Mlle)

92. — Le petit espagnol. Gravure en noir.

GÉRICAULT

93. — Cheval à l'écurie. Toile.
Haut. 0,55. Larg. 0,65.

GÉRICAULT (d'après)

94. — Le radeau de la Méduse. Toile.

GRANVILLE

95. — Illustration pour Gargantua. Plume.

GRENIER (F.)

96. — Le cauchemar. Sépia.

GREUX (G.)

97. — 20 eaux-fortes.

GREUZE

98. — Tête d'homme. A la sanguine.
Haut. 0,510. Larg. 0,370.

GREUZE (d'après)

99. — Jeune fille. Dédiée à Madame de Luynes. Gravure en noir.

GREVIN

100. — 1 lot 8 dessins costumes. Cachet de la vente.

101. — Illustration. Aquarelle. Signée.

GRUN

102. — Lithographie dédicace.

GUARDI (École de)

103. — La mascarade. Plume et lavis.

GUDIN

104. — Marine. Aquarelle.

GUYS (C.)

105. — Danseuse. Aquarelle.

HERMANN-PAUL

106. — Dessin à la sanguine. Signé.

107. — Étude de nu. Signé du monogramme.

HERRING

108. — 2 sujets de chasse. Lithographies en couleurs.

HUET (d'après J.-B.)

109. — L'Amour dévoile les yeux de l'innocence. Gravure en bistre.

INGRES (école d')

110. — 3 études. Crayon.

ISAPEY (J.-B.)

111. — Portrait de femme. Forme ovale. Dessin crayon.
Haut. 0.275. Larg. 0.240.

ISABEY (attribué à J.-B.)

112. — Portrait de femme. Crayon rehaussé. Forme ovale.

LAGRENÉE (d'après) par, Augustin Le Grand

113. — Ils sont heureux. Gravure en noir.

LAMI (E.)

114. — Etudes militaires. Mine de plomb.

115. — Études militaires. Mine de plomb.

LARMOISSE (E.)

116. — Marine. Aquarelle.

LAWRENCE (d'après Thomas), par Cousin

117. — Portrait de Master Lambton. Gravure à la manière noire. Belle épreuve.

LE BARON (A.)

118. — Portraits d'enfants. Toile. Signée en bas, à gauche.

Haut. 0,740. Larg. 0,590.

LEGROS (A.)

119. — Tête d'homme. A la pointe d'argent.

LÉPINE (S.)

120. — Paysage et personnage. Toile. Signée.

Haut. 0,600. Larg. 0,400.

LEVACHEZ

121. — Marat. Gravure à la manière noire.

LORENZO di CREDO

122. — Dessin sur papier plâtré.

MALLEBRANCHE

123. — La Reddition d'Ulm. Toile. Signée en bas, à gauche.
Haut. 0,465. Larg. 0,685.

124. — Manière noire. 2 gravures chevaux.

125. — Manière noire. Tête jeune femme.

MARCEL (St.)

126. — Lions. 4 dessins rehaussés.

127. — Lion couché. Dessin rehaussé.
Haut. 0,235. Larg. 0,355.

128. — Lionne et Lion. 2 dessins.

MASSARD

129. — Dessin pour la publication. Le Musée de Versailles.

MICHEL-ANGE

130. — Tête d'homme. A la sanguine.
Haut. 0,230. Larg. 0,200.

MINARTZ

131. — Chanteuse de café-concert. Toile.

MONET (C.), par Vidal

132. — Vénus et Adonis. Gravure en noir.

MOREAU (A.)

133. — 1 lot 12 dessins. Timbre de la vente.

134. — Paysage. Timbre de la vente.

135. — Paysage. Timbre de la vente.

MOREAU le JEUNE (attribué à)

136. — Apothéose. A la plume, lavé d'encre de Chine.
Haut. 0,255. Larg. 0,365.

NOTERMAN

137. — La course. Panneau.

PAPILLON (gravé par)

138. — L'Amant dangereux. Gravure en noir.

PARROCEL (C.)

139. — Cavalier. Pierre noire.

PELLEGRINI

140. — Tête de femme. Crayon couleurs. Signée.

PELLETIER

141. — Cavalier. A la plume.

PILLE (H.)

142. — Illustration. A la plume.

PILLEMENT (Jean)

143. — 2 paysages formant pendants. A la pierre noire. Signés, datés.
Haut. 0,140. Larg. 0,205.

144. — 2 paysages formant pendants. A la pierre noire, dont 1 signé, daté.
Haut. 0,140 Larg. 0,205.

PILS (J.)

145. — Scènes militaires. Croquis crayon. Rehauts d'aquarelle. Signé.

146. — Scènes militaires. Croquis crayon. Rehauts d'aquarelle. Timbre de la vente.

POUSSIN (École du)

147. — Feuille d'études. A la plume.

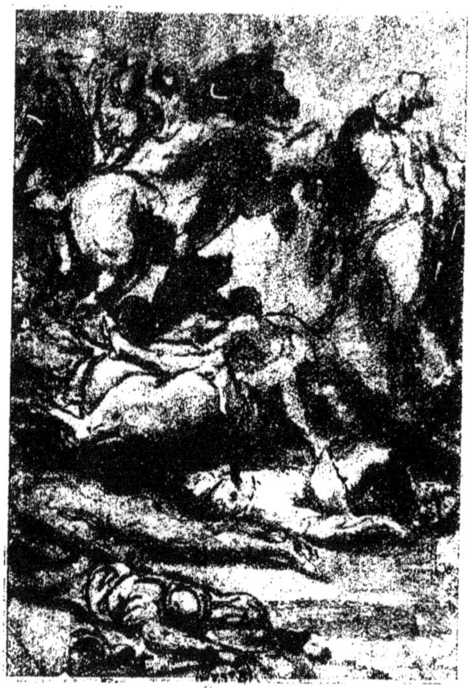

N° 148.

PRUDHON (attribué à)

148. — Le Sommeil. Crayon. Rehauts de blanc.

RAFFET

149. — 4 croquis rehaussés. Dans 1 cadre. Timbre de la vente.

RAFFET

150. — Armure du musée de Condé. Aquarelle. Signée.

Haut. 0,320. Larg. 0,225.

RAPHAEL (École de)

151. — Tête de vierge. Dessin à la pierre noire.

REMBRANDT (École de)

152. — L'enfant prodigue. A la plume et lavis.

153. — L'Adoration des bergers. A la plume.

ROWLANDSON

154. — Composition mythologique. A la plume, lavé d'encre de Chine.

Haut. 0,310. Larg 0,475.

ROPS (F.)

155. — La Fleur lascive. Eau-forte sur Japon. Belle épreuve. Signée.

ROPS (d'après F.)

156. — La femme au cochon.

RUBENS (attribué à)

157. — Rêve d'amour. A la plume.

Haut. 0,18. Larg. 0,17.

SALVATOR ROSA

158. — Combat. Sépia et lavis.

Haut. 0,395. Larg. 0,275.

SPIRIDON

159. — Jeune femme. Aquarelle. Signée.

TIRET-BOQUET

160. — Intérieur du Lapin Agile. Aquarelle. Signée.

VANLOO (d'après C.), par Beauvarlet

161. — La Confiance. Gravure en noir.

162. — La Sultane. Gravure en noir.

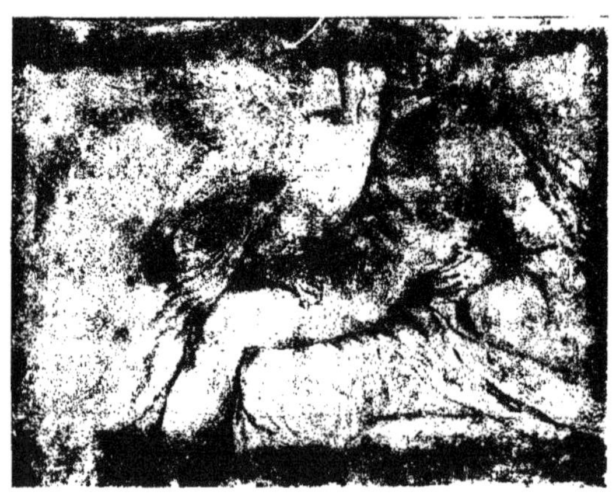

N° 167.

VERNET (Carle)

163. — La sortie de la meute. Lithographie en couleurs.

VERNET (Carle), par Jazet

164. — Le cheval échappé. Gravure à la manière noire.

VERNET (Carle)

165. — Cheval allant au manège. Pendant du précédent.

VERNIER (Ch.)

166. — Portrait d'Armand de la Cie Française. Aquarelle. Signée.

Haut. 0,235. Larg. 0,310.

VÉRONÈSE (Paul)

167. — Jupiter et Léda. Pierre noire et sanguine.

Haut. 0,235 Larg. 0,310.

VÉRONÈSE (attribué à P.)

168. — Portrait de femme. A la pierre noire.

169. — Vignettes de Moreau le jeune, Cochin, Monet, etc. 27 pièces.

VINCI (L. de)

170. — Académie d'homme. A la plume.

VISCONTI (F.)

171. — Paysage sur panneau. Signé en bas, à gauche.

VOLLET

172. — Geisha. Aquarelle. Signée.

WINTERHALTER

173. — Jeune femme. Crayon.

ZIEM (F.)

174. — Paysage d'Italie. A la sépia.

175 à 190. — Lots de Gravures et Dessins.

191 — Tableaux omis.

www.ingramcontent.com/pod-product-compliance
Ingram Content Group UK Ltd.
Pitfield, Milton Keynes, MK11 3LW, UK
UKHW022153260726
13993UKWH00005B/2349

9 782329 518329